LE
CHANT PATRIOTIQUE

du Drillou, du Ferraillou
et du Chiffonnier

Par Pierre BRIVOT,

Chiffonnier Mâconnais.

Avril 1874.

LE MARCHAND DE VIEILLERIES

1

Les vieux chapeaux,
Les vieux fourneaux,
Les vieux manteaux,
Les vieux paletots,
Les vieux habits,
Les vieux bois de lits,
Les vieux draps de lits,
Les vieilles chemises,
Toutes les vieilles filles :
V'là l'marchand de toute la vieillerie.

2

Les vieux maris,
Les vieilles guenilles,
Les vieilles bassines,
Les vieilles platines,
Les vieilles mantilles,
Les vieilles basquines,
Toutes les vieilles filles :
V'là l'marchand de toute la vieillerie.

3

Les vieux poêlons,
Les vieux cordons,
Les vieux chaudrons,
Les vieux galons,
Les vieux cotillons,
V'là l'marchand de toutes occasions. (bis)
V'là l'marchand de toutes façons. Bon! Bon!

4

Les vieux papiers,
Les os rongés,

Les vieux souliers.
V'là l'marchand de toute la vieillerie.

5

Les vieilles perruques,
Les vieux chignons,
Les vieux toupets,
Les vieux bracelets,
Les v'eux corsets,
Les vieux mantelets,
Les vieux bonnets,
Les vieux jupons,
Les vieux chaussons,
Les vieux guenillons :
V'là l'marchand de toutes occasions.
V'là l'marchand de toutes façons. Bon! Bon!

6

Les vieilles commodes,
Les vieux buffets,
Les canapés,
Les délassantes,
Argent comptant : v'là l'marchand. (bis).

7

Marchand de vieux guenillons,
De palatines,
De vieux cotillons,
De vieilles bassines,
De vieilles platines,
De limousines,
De crinolines,
De vieux bouquins,
De casaquins,
De peaux de lapins,
De vieux bassins :
V'là l'marchand de peaux d'lapins.

PROJET DE VOYAGE AU PARNASSE

1

Puisqu'enfin le savantasse
En intrus monte au Parnasse,
Un beau jour de grand matin,
Muni de mon ballotin,
J'enfourcherai ma bourrique
Pour aller huer cette clique
Et dire à Phébus le sourd :
Tu n'es donc plus qu'un balourd;
Ton méchant rétif hippique
Mérite bien qu'on le trique.
Sache que le suffisant
Le monte en le bien flattant;
De là vient que par milliasse
Tout chacun monte au Parnasse.

2.

Si tu n'es prédominant,
Le beau séjour du savant
Pour lui ne sera tenable,
Il enverra tout au diable.
Fais déguerpir les manants,
Les intrus et les pédants ;
Mets chacun d'eux à la porte,
Veille au poste, fais en sorte
Que le courtisan ventru,
L'aliboron incongru,
Enfin que tout savantasse
Te dispense de rechasse ;
Puis surveille le brouillon,
Et surtout ton étalon.

3

Afin de fuir le Parnasse,
De peur que l'on ne m'en chasse,
Je dirai : grand Apollon,
Je dédaigne le salon.

Ne me fais point la grimace,
De toi je crains la menace;
Si tu n'as recors, donjon,
N'as-tu pas en main ton jonc ?
Je ne suis qu'un Boniface;
Pardonne donc mon audace ;
Mais oblige-moi, de grâce !
Embrasse pour moi Ninon.
J'ai dit : Je pars pour Dijon.

4.

Je suis un pauvre bonhomme
Qui n'ambitionne rien.
Tout chacun sait que j'assomme
Avec mon cri quotidien.
Je suis ignorantissime ;
Tout en riant du destin,
Je rimaille pour la frime,
En gagnant mon biscotin.

LE NÉGOCIANT A BOUT

1.

Je suis toujours au déconfort
Et ne puis faire aucun effort;
Au lieu de chanter les amours,
Je blague en criant les atours ;
Enfin, de moi v'là ce qui sort,
De m'en infatuer j'aurais tort.

Quiconque est vieux, réduit à bout,
Tant qu'il peut se tenir debout
Doit surmonter, puis braver tout,
Porter châle et crier partout :

2.

Voilà le marchand de peaux de lapins !
 De vieux guenillons,
 De palatines,
 De vieux cotillons,
 De vieilles bassines,
 De vieilles platines,
 De vieux bouquins,
 De crinolines,
 De limousines,
 Et de basquines,
 Souliers, bottes, escapins.
Voilà le marchand de peaux de lapins

3.

Comment fera-t-on pour labourer,
Pour piocher, pelleter, voiturer,
Si garçons, filles et galopins,
Dans les rues crient : Os, peaux de lapins !
Quel avenir ! c'est inquiétant !
De voir tant de jeunes camp-volant.
Ces gars-là fument, font pique-niques,
Sont nantis d'allumettes chimiques ;
Plus d'un, souvent gris, chancelant,
Peut incendier en culottant.
Envoyez donc tous ces lurons
Travailler, ouvrir des sillons ;
Car, qui n'a gens pour exploiter
Ne peut semer ni récolter.

4.

J'achète les chapeaux,
Les cottes, les manteaux,
  Les bottines,
  Les bassines,
  Les platines,
  Les brodequins,
  Capelines,
  Crinolines,
  Cochinchines,
  Et casaquins,
Souliers, galoches, escarpins,
Peaux de lièvres, peaux de lapins.

5.

Inspectez vos domiciles,
Greniers, caves et magasins ;
Vendez ramas inutiles,
Vieilles paillasses, vieux coussins ;
Vendez les objets futiles,
Croûtes, images et dessins ;
Puis enfin tout le fragile,
Cristaux antiques, plats, bassins ;
N'ayez céans que l'utile,
Et, sans vous faire de bile,
Buvez dru le jus du raisin.
La vie est si versatile,
Que la mort, d'un pas agile,
Vous porte au grand domicile,
Et ce, malgré le médecin.

6.

V'là le drillou, cherchez partout,
Inspectez, puis vendez surtout :
Vieux bouquins, bassines, étrilles,
Vieilles platines, vieux étain ;
J'achète les vieux ustensiles,
Rosette, cuivre, plomb, airain,

Puis couteaux, cuisinières, coquilles,
Tourne-broche, pochons, grille-pain ;
J'achète râpes, réchauds, grilles,
Les fanfreluches inutiles
Et les paltoquets de vilains ;
J'achète habits vieux et drilles,
Casquettes, sans-souci, mantilles,
Livres classiques et calpins,
Puis enfin les peaux de lapins.

7.

On s'ennuie, on vieillit partout,
Puis chacun meurt et laisse tout,
Le saint frusquin du fossoyeur
Est vendu par huissier priseur.
Des milords on vend les châteaux,
Les vins exquis des bons coteaux,
Les champenois, les bourguignons
Qui font tant jaser les tendrons.
On vend carosses et chevaux,
Mobiliers, livres et tableaux,
Domaines, hôtels et forêts,
Crachats, breloques et hochets.
La faux ne laisse rien debout,
Et l'éternité rafle tout.

8.

Sans penser au moment final,
Les biches s'affolent de bal ;
On simule ce qu'on n'a pas,
L'on se met pour ça des appas,
Des hanches, chignons et toupets,
Ventre postiche et faux mollets,
Puis sur la tête un bonnet plat
Construit dans la forme d'un plat
Ou d'un âne imitant le bât....

Mieux vaudrait le bonnet carré ;
On est fier, on se croit paré,
Mais on est fort mal fagoté,
Quand même on aurait la beauté.

9.

Un vieux malin troubadour
Tint aux belles ce discours :
« Mesdames, toujours jolies,
« L'an dernier, ô quel atour
« Dans vos jupes arrondies
« Vous imitiez une tour ;
« Maintenant, par un caprice,
« Qui ne veut que du nouveau,
« Vous imitez l'artifice
« D'une ombrelle en son fourreau.

10.

Vendez vos étroits cotillons,
Vos chaussures à hauts talons ;
C'est malséant de se guinder
Et de marcher dégingandé,
Cela rend décontenancé,
Puis ça donne l'air insensé.
Démodez-vous, n'hésitez pas,
Ne mettez point de faux appas.
Jalousie, orgueil, vanité
Sont les plaies de la société.

11.

Vendez le frivole inutile,
Tout ce qui donne l'air hautain
Vendez fanfreluches futiles,
Corsages décolletés si vains

Puis, vendez ce qui rend débile,
Le corset busqué si mondain.
Le débraillé ne sied qu'aux filles ;
Or, vendez, mères de familles,
Ce qui fait mépriser soudain.

LE DRILLOU

1.

J'ai trop poussé la doucine,
Partant je suis un cretin,
Et qui plus est bête asine
Qui brait pour son picotin.
Très souvent je déraisonne,
Chez moi tout est sur le déclin ;
Je chiffonne et j'assaisonne,
Et ce sans être malin.

2.

Portez manteaux cochinchine
Pour être considéré bien ;
Le vieux drillou qui chemine,
S'il n'a le sou, pas de maintien ;
Souvent au froid, à la bruine,
Repose et dort sur son prus
Puis, si la faim le taquine,
Il la brave en stoïcien.

3.

Dénué, n'ayant numéraire,
Le drillou, qui meurt sans le sou,

Sans apparât funéraire,
Est porté soudain dans le trou.
L'important là pour le hère,
C'est de n'avoir été grigou ;
Car, Dieu maudit la mégère,
Le corrompu, le grippe-sou.

4.

Vois sur le cadran l'aiguille
Indiquant l'heure qui s'enfuit,
Joli garçon, belle fille.
Tout passe, la mort nous poursuit.
Atropos est inflexible
Et nous coupe le fil à tous,
Cerbère est dur, irascible,
Et le dieu Pluton n'est pas doux.

5.

Riches, pauvres, faibles, forts,
Sont si massés dans leurs trous,
Qu'ils ne pourraient faire efforts
Pour mouvoir bras et genoux.
Ah ! c'est un bien triste sort
D'être tassé, d'être mort.
Souvent la vie est un pleur
Pour le pauvre et le seigneur.
Aimons-nous donc, vivons bien,
Puis n'ayons souci de rien.
La loi fait porter au trou
Celui qui meurt sans un sou.

6.

Pour mettre à l'ombre un fastueux
Côte à côte d'un piteux,
A quoi sert le carillon
Et les ding-don du bourdon ;
Massiers et chantres de chœur,
Puis ce simulé pleureur.

Héritiers riches du testé,
Moins d'éclat, plus de charité.
Quiconque a vécu n'a le sou ;
Or, faites porter sans froufrou
Le pauvre défunt dans le trou.

LE HIC ET LE CHIC

1.

Quoique je sois vieux clampin,
Matin et soir je chemine,
Et porte sur mon échine ;
Puis, pour gagner mon lopin,
Je braille la crinoline,
L'corset busqué, la basquine,
Les souliers, les escarpins,
Et puis les peaux de lapins.

REFRAIN.

A tout enfin je me résous,
Et quand je n'ai ni argent ni sous,
Je chiffonne, tu chiffonnes,
Il faut bien, tu fais bien.

2.

Je n'ai le hic, plus n'ai le chic,
Et toujours je suis ric à ric ;
Les ans affaissent mes genoux,
Mais vient l'heure du rendez-vous,
Où plus n'aurai besoin de vous.
Gros bonnets, gandins guenilloux
Sont là gisant dans leurs trous,
Et sont penauds pas peu, mais prou.

3.

Le Tout-Puissant qui connaît tout
Sans brouillons, faiseurs de bagoût,
Juge, élimine sans courroux,
Puis fait accueil aux bons drilloux;
Envoie aux enfers les grigoux,
Fourbes, menteurs, hableurs, filous :
Là tout frémit, est coi sur tout,
Jamais roué blagueur ne débout.

A tout enfin, je me résous, etc.

4,

Si nous avons été bourreaux,
Juges complaisants, friponneaux,
Humilions-nous, amendons-nous,
Point ne soyons haineux, jaloux ;
Sans avocats ni procureurs,
Réglons avec nos débiteurs :
A ceux qui sont par trop drilloux,
Laissons bahuts et quelques sous ;
Puis, dans nos intérêts surtout,
De frais ne faisons pas du tout.

A tout enfin, je me résous, etc.

5.

Si le Tartare est effrayant
Pour le pervers et le méchant,
L'honnête homme, qui fait le bien,
Vit en paix sans souci de rien ;
Aux malheureux qui sont à bout,
Il se dévoue, il brave tout.

A tout enfin, je me résous,
Et quand je n'ai argent ni sou,
Je chiffonne, tu chiffonnes.
Il faut bien, tu fais bien.

LE MARCHAND CLOPIN CLOPANT

1.

Je trime du matin au soir,
Et je braille pour me pourvoir ;
Puis, si le temps me taquine,
Je rentre dans ma cassine ;
Puis, enfin dans mon taudis.
Là je trie et je me dis :

2.

Que de races de cerbères,
De benoîtons impubères ;
Que d' gros riches vilains,
Que de huppés mercenaires,
Que d'orgueilleux millionnaires ;
N'imitons pas ces hautains.

3.

Mortels puissants, petits nains,
La vie est une misère,
Et n'étant que passagère,
Que vous sert-il d'être vains.

REFRAIN.

Pas de chiffons, pas d'os à vendre ?

Ensemble { V'là le marchand clopin clopant.
V'là le marchand le plus offrant !

4.

Rions des superbes dédains,
Et ne soyons pas faux frères ;
Soyons justes, francs, sincères.
Et surtout pas inhumains.

Pas de chiffons, pas d'os à vendre ?

5.

Le bonheur est incertain ;
Tout ici-bas est précaire ;
Que sert d'être atrabilaire,
Point de chagrin, c'est malsain:

Pas de chiffons, pas d'os à vendre ?

6.

N'envions pas un grand train,
La jeunesse est éphémère ;
La vieillesse nous atterre ;
La faux nous frappe soudain.

Pas de chiffons, pas d'os à vendre ?

7.

Ne visons donc qu'au certain ;
Si quelques gens sont prospères,
Combien voyons-nous de hères
Qui souvent manquent de pain.

Pas de chiffons, pas d'os à vendre ?

8.

Ayons l'œil américain ;
Méprisons les cancanières ;

Les gens faux, les minaudières,
Parjures levant la main.

Pas de chiffons, pas d'os à vendre ?

9.

Tout en aimant le prochain,
Bravons méchants et mégères ;
Puis, laissons là les chimères,
Ne nous plaignons pas en vain.

Pas de chiffons pas d'os à vendre ?

10.

Sans être par trop mondains,
Fêtons, choyons les commères ;
Soyons de joyeux compères.
Chantons quelques gais refrains.

Pas de chiffons, pas d'os à vendre ?

11.

Que sert d'ébranler l'airain ?
Couvrons le défunt de terre ;
Point d'adulation sur la pierre ;
Dieu connaît le cœur humain.

Pas de chiffons, pas d'os à vendre ?

    V'là le marchand clopin clopant,
    V'là le marchand le plus offrant !

LE GANDIN, LA GANDINE

1.

Jeunes favoris des destins
Qui avez chevaux, berline,
Domèstiques, hôtels, jardins,
Saute-en-barque, cochinchine,
Raglan paletot, escarpins,
Sans-souci, chapeaux, bottines,
Mac-farlan, pelisse et crispins,
Malakoff, frac, derby, twine,
Casquettes, bas napolitains,
Redingotte à pèlerine,
Coin de feu, dorsay, mexicain,
Pantalons, gilets malines,
Couches élastiques, baldaquin,
Puis rideaux en mousseline,
Solférino, guêtres enfin.
Caban, manteaux et badine,
Tout cela vous sied muscadin.

2.

N'entretenez point gandine ;
Ce n'est pas rien, sachez-le-bien.
Il faut d'abord crinoline,
Bérets, foulards, châles indiens,
Fichus, manchons, palatines,
Tabliers, robes, escarpins,
Faux chignons, souliers, bottines,
Manteaux, voilettes et crispins,
Camisole et la basquine.
Mitaine, caraco, bas fins,

Corsets, chapeaux, capeline,
Victoria, talma, brodequins,
Amazone et pèlerine,
Rotonde, puis le casaquin,
Collerette et manteline,
Mobilier, glace et linge fin,
Odeurs, pommade à l'oursine,
Et tout ce que j'omets enfin
En bijoux et cornaline.

3.

Pour le service, il faut bien
Une fille de cuisine ;
Or, cela ne coûte pas rien
A qui porte cochinchine.
Les cocottes citadines
Usent enfin tous les gandins.
Méfiez-vous donc des gandines,
Qui feraient de vous des dandins.

4.

Pour être homme d'importance,
Jeune coquin obvie à tout ;
Etouffe ta conscience,
Cumule et spécule surtout.
Si tu vis dans la licence
Avec blonde, brune aux yeux doux,
Sois gai, coquet, c'est d'urgence ;
Donne à pleines mains or, bijoux,
Pour balancer ta dépense,
Pressure toujours le drillou,
Et sans pitié, déférence,
Claque ton fouet, fais du fiou fiou
Tel est l'homme d'importance.
Gandin, voilà le gripe-sou.

5.

Usurier riche en finance
Acquise en spoliant le drillou,
Cancres, gandins sans décence,
Vous dégorgerez dans le trou ;
Vous aurez pour résidence
L'enfer où gémit le grigou ;
Là, pour vous plus d'espérance.
On entre, on ne sort pas grippe-sou.

LE DIX DU DESSOUS

1.

Tout passe de vie à trépas,
De ça l'on ne s'affranchit pas;
Je suis vieux, sans savoir faire,
Pauvre, sans moyen de plaire;
Si je reviens gai dans le trou,
Alors plus ne serai drillou,
Mais muscadin, mirliflore,
Et je prierai Zéphir, Flore,
Dames, dieux, non point les jaloux,
De tenir brelan pour jouer tous
Pique, trèfle, dix du dessous.

2.

L'argent n'ayant cours dans le trou
Pour l'enjeu partant point de sou ;
Pour folâtrer et pour plaire,
Puis, enfin, pour me distraire,
J'exciterai à jouer beaucoup,
Afin qu'ils disent, après coup,
Ah! drillou, que tu sais faire,
Que tu fais bien notre affaire.
Au jeu de bézi, jouons tous,
Jouons rois, valets, dames, atouts,
Pique, trèfle, dix du dessous.

3.

Pour complaire aux dames surtout,
J'avouerai, je leur dirai tout :

Voyez, la tourne s'explique,
Tous les atouts sont en pique ;
Pour lever rois, dames, atouts.
Il vous faut le dix du dessous.
Nous ne jouons que pour rire,
Diront-elles, vieux satyre ;
Jouons tout ce qui plait, risquons tout ;
Jouons tout ce qui charme entre nous,
Pique, trèfle, dix du dessous.

4.

Si j'ai roi, as, dames, atouts,
Je leur dirai : Méfiez-vous,
Je vous vois la carte unique,
Levez la tourne de pique.
Il faut jouer le dix du dessous ;
Jouez-le de bon gré, malgré vous :
Tu vois clair et tu sais plaire,
Diront-elles ; pour bien faire,
Jouons ce qui fait plaisir à tous,
Point de préférées parmi nous :
Pique, trèfle, dix du dessous.

5.

Il faut claquemurer voyou,
Cocodettes, matamore,
Malin badin, mirliflore ;
S'ils revenaient à vie au trou,
Matin, soir, jusqu'à l'aurore,
Ils iraient chez Zéphir, Flore
Où dames, dieux folâtrent tous.
Là, pourque l'on ne déplore
Et que rien ne s'évapore,
On aime sans être jaloux ;

Puis enfin l'on s'incorpore,
On s'embrasse et l'on s'adore ;
On joue, en riant, dames, atouts
Pique, trèfle, dix du dessous.

6.

Ce qu'est fichant pour le grigou,
Pour le cancre matamore,
C'est de penser qu'au fond du trou
On ne voit là Vénus, Flore,
Ni taverne et point de voyou,
Pour fumer le baltimore
Et boire en trichant le drillou.
Quel triste sort ! mirliflore,
De ne pouvoir s'accorder tous,
C'est de l'urne de Pandore
Que vient ce qui désunit nous.
Or, on ne dit là pas atouts,
Pique, trèfle, dix du dessous.

AIR DE CHARLES VI

I.

La biche a l'horreur du servage,
Lorsqu'elle n'a dents ni beauté ;
Plus grand encore est son dommage,
Quand elle est dans la vétusté,
Puis enfin dans la pauvreté.

Vienne le jour de la bombance !
Et dans ma hott' tout son frusque viendra ;
Oui, dans ma hott' tout son frusque entrera

Jeunes tendrons enclins aux vanitances,
    Sachez bien que, pour l'apparat,
    Jamais le vieux ne vous ira ;
Non, non, non, jamais pour.... et cætera !
    Jamais le vieux ne conviendra !

2.

Vendez vos jupes, crinolines,
Le faux chignon, le vieux chapeau,
Ainsi que vos vieilles bottines ;
Vendez donc le tout vieux manteau,
Car pour plaire il faut du nouveau.
Vienne le jour de décadence !
Alors du cœur ce vieux cri sortira ;
Oui de vos cœurs ce vieux cri sortira !

Jeunes beautés, méfiez-vous des tendances,
    Garez-vous des grands apparats,
    Fuyez les bals et l'opéra,
Et sachez enfin que le vitchoura
    Sur l'débraillé ne vous ira.

AIR DES GIRONDINS

Vendez vos torchons, vos guenilles,
Les vieux habits, les vieux galons,
Ainsi que vos vieilles mantilles;
Vendez-moi vos vieux pantalons;
J'achète les platines,
Les grilles, les bassines,
Les fourchons et les grappins,
Les casaques, les crispins,
Les peaux de lièvres, les peaux de lapins.

LE MARCHAND FRIPIER-BROCANTEUR

La vente, la vente, la vente, la vente : voyez, voyez, voyez, voyez, voyez, voyez, voyez, voyez la vente !

Voilà le brocanteur, le ferrailleur, le bouquiniste ; voilà, voilà, voilà le marchand fripier installé ! Venez choisir, vous assortir, vous rajeunir, vous embellir à bon marché. Je vends tous mes articles au plus bas prix, et vous les essaie en dessus, en dessous, sans que ça paraisse et sans augmentation de valeur. Enfin, voilà le marchand qui dans l'an, aux mêmes époques, vient dans vos parages, et qui loin de recevoir des reproches du public, n'en reçoit jamais que des hommages.

REFRAIN :

La vente, la vente, la vente, la vente : voyez, voyez, voyez, voyez, voyez, voyez, voyez, voyez la vente !

Nous avons les jupons, les caleçons, les capuchons, les collerettes, les manchettes, les chaussettes, les bavettes, les bas, les corsets, les robes, les camisoles, les manteaux, les paletots, les caracos, les châles, les cachemires, les guimpes, les pointes, les mouchoirs, les sautoirs, les cache-nez, les foulards, les camails, les bonnets, les calles de nuit, les chaussures, les couvertures, les ceintures, les rubans, les valenciennes, les draps, les chemises, les cravates, les guêtres, les chaussons, les pantalons, les gilets, les habits, les vestes, les tuniques, les redingottes et les capotes. Nous avons tous les articles nécessaires, toutes les pièces, guenilles et guenillons pour réparer et rapiécer à l'usé tous les articles que je viens de citer.

La vente, la vente, etc.

Nous avons les cadenas, les serrures, les pentures, les bandes, les gonds, les boulons, les pitons, les rondelles et les pommettes; nous avons les crémaillères, les chaudières, les daubières, les salières, les poivrières, les ratissoirs, les passoires, les écumoires les arrosoirs, les entonnoirs, les rasoirs, les écritoires, les grattoirs, les éteignoirs, les peignes et les démêloirs.

Nous avons les marmites, les chaudrons, les fourchons, les gaufriers, les trois-pieds, les chandelliers, les lampes, les quinquets, les binets, les chenets, les loquets, les briquets, les crochets, les pelles, les pincettes, les chaufferettes, les mouchettes, les targettes, les vrillettes, les roulettes, les sonnettes, les brochettes, les sarclettes, les lorgnettes, les cuillères et les fourchettes.

La vente, la vente, etc.

Nous avons des outils, des instruments nécessaires pour diverses industries et divers besoins, et des articles d'utilité indispensables dans tout ménage.

Et pour les personnes punaises qui sentent de la bouche ou atteintes d'ozène, nous avons des petits pots, des pots moyens, des grands pots pour les savons, la pommade et les onguents, et divers ustensiles et instruments nécessaires pour extraire les cors aux pieds, les oignons, les durillons, les mamelles, les mamelons, les chancres, les dents et les mauvaises langues.

La vente, la vente, aux choix, mesdames : voyez, voyez, voyez, voyez, voyez, voyez, voyez, voyez la vente !

Nous avons les livres nécessaires pour sauver les âmes des peines du purgatoire ; nous avons les livres de prières pour la confession, la communion, la confirmation, l'extrême-onction la pénitence et la génuflexion ; nous avons les paroissiens, les missels pour l'édification des fidèles, pour inspirer aux chrétiens, aux chrétiennes l'amour du prochain, des prochaines, la tolérance, l'indulgence et la charité ; nous avons les livres classiques, les livres historiques pour l'instruction de la jeunesse ; nous avons des livres de philosophie à l'usage des personnes qui n'ont pas besoin de consolation ; nous avons les livres poétiques, de rhétorique, de littérature, pour former des Corneille, des Racine, des Buffon, des Piron, des Crébillon ; nous avons les livres nécessaires pour devenir garde-champêtre, huissier, avoué, agréé, médecin, chirurgien, avocat, magistrat, cardinaux et maréchaux de France ; nous avons pour charmer vos veillées, vous édifier, vous exciter, vous faire rire et vous faire pleurer, divers ouvrages nouveaux de nos célébrités.

Et pour les marchands détaillants, nous avons les in-folio, les in-quarto, les in-octavo, les in-douze débrochés pour la pâtisserie, la quincaillerie, la garde-robe et la parfumerie.

Enveloppez donc enfin vos cornichons, vos andouilles et vos saucissons dans les descriptions, les inductions, les exordes et les conclusions des auteurs anciens et modernes.

La vente, la vente, etc.

Nous avons les articles de nouveauté, de coquetterie et de frivolité, confectionnés pour plaire et pour charmer ; les articles des bons hommes et des bons ménages pour duper, coiffer, charmer les maris, pour les mignarder, les choyer et les amadouer. Nous avons des corsets mignons busqués, doublés, baleinés, garnis, bourrés et rembourrés pour cacher les vices de formes et les apparences, ayant des lacets plats pour presser la taille ou en donner à celles qui n'en ont pas. Nous avons les articles nouveaux du XVIIIe siècle : les justaucorps, les haut-de-chausse, les pourpoints, les vertugadins, les culottes et les défroques des comtes de la pretentaille et des marquis de Carabas; des crinolines à la Pompadour, à la Dubarry, faites et conditionnées pour enchâsser la beauté. Toutes nos crinolines sont inoxidables, incassables, indéformables, mais folichonnables, batifolables, ayant de l'ampleur, beaucoup d'ampleur, ce qui est commode pour faire la fraude, cacher l'embonpoint funeste et l'ami du cœur, sauter les fossés, giter la marmaille quand il pleut, faciliter l'exercice des jambes et compagnie, favoriser la vue des mollets, la tendance aux doux attouchements, aux douces émotions, à la coïncidence mutuelle et à l'attraction moléculaire du sexe contraire.

Nous avons des draps en coupons pour chaussons; nous avons des petits bouts, des bouts moyens, des grands bouts; nous avons la renommée des bons bouts; venez choisir, mesdames, j'en ai pour tous les goûts.

Messieurs et dames, approchez-vous, décidez-vous, munissez-vous, choisissez, assortissez-vous. Je vends de tout : de bons jupons, des pantalons, des cannesons et de bons surtout Couvrez donc ceux qui manquent de tout, faites des heureux, faites des jaloux ; aimez le prochain, les bons voisins; aux malheureux faites les doux yeux ; chaussez, vêtissez, coiffez le vieux.

Amusez-vous, trémoussez-vous, jouissez de tout; mais défiez-vous de ces grigoux qui convoitent tout, qui vous michelinent en se moquant de vous, et qui, pour faire du frou frou, dénigrent tout, agissent en dessous, afin de vous expédier dans le trou pour avoir tous vos meubles, vos immeubles, vos joyaux, vos bestiaux et vos pleins tonneaux.

Soyez en tout maître chez vous, affranchissez-vous des grigoux, dépensez tous vos revenus, faites des heureux du superflu, et puis enfin soumettez-vous, car la faux du temps occit tout : les excellences, les éminences, les lords, les milords, les butors Le trou, le trou engouffre tout : les gros, les riches et les drilloux ; point de sursis pour aucun de nous, mais fin pour tous.

Ah ! que c'est fichant, que c'est guignolant pour le puissant ! Concourez, messieurs les docteurs, pour garer nos grands messeigneurs ; pour quant à nous, qui n'avons le sou, dispensez-vous.

Lorsqu'on est vieux, perclus partout, la vie alors est un dégoût, si nous avons été grigoux. Oh ! conscience enfin calme-nous, afin que nous soyons surtout bon, généreux, gai jusqu'au bout.

Mâcon, imp. Romand frères.

www.ingramcontent.com/pod-product-compliance
Lightning Source LLC
Chambersburg PA
CBHW060917050426
42453CB00010B/1771